Blandine Boyer

Tartes gourmandes

maison

tendances Larousse gourmandes

Photographies d'Olivier Ploton

Sommaire

Les bases

Les tartes salées

Les tartes sucrées

Pâte brisée nature

PRÉPARATION : 10 MIN - REPOS : 1 H AU MOINS

POUR 400 G DE PÂTE
250 g de farine
125 g de beurre demi-sel bien froid
12 cl d'eau froide (120 g)

Important
Une fois pétrie, toute pâte doit être réfrigérée pendant au moins 1 heure. Elle peut se garder en se bonifiant jusqu'à 3 ou 4 jours, toujours au frais.

À la main. Disposez la farine en puits sur le plan de travail. Ajoutez le beurre coupé en dés et écrasez-le dans la farine en frottant du bout des doigts, jusqu'à obtenir un mélange sableux. Incorporez l'eau froide à la pâte, en deux ou trois fois, en pétrissant le moins possible. Rassemblez rapidement la pâte en boule ; elle doit garder des petites particules de beurre visibles.

Au robot. Travaillez par impulsions pour former un mélange sableux, puis incorporez l'eau en deux ou trois fois et finissez de rassembler la pâte à la main.

Emballez la pâte dans du film alimentaire et mettez-la au réfrigérateur 1 heure au moins, idéalement une nuit.

Quelques déclinaisons gourmandes

SEMI-COMPLÈTE - AU SEIGLE - À L'ÉPEAUTRE

Remplacez la moitié de la farine par de la farine complète, de seigle ou d'épeautre.

À L'HUILE D'OLIVE - À LA MARGARINE - À LA GRAISSE DE CANARD

Remplacez le beurre en totalité ou à moitié par de l'huile d'olive, de la margarine spécial cuisson ou de la graisse de canard.

AU BEURRE D'ESCARGOT

Remplacez la moitié du beurre par du beurre d'escargot (au rayon des surgelés).

« FAUSSE FEUILLETÉE »

Après le repos, étalez la pâte en carré sur 7 mm d'épaisseur, pliez-la en quatre et étalez-la de nouveau sur 7 mm. Répétez l'opération et laissez reposer 2 heures. Grâce aux pliages, cette pâte a une texture légèrement feuilletée.

AU PARMESAN - AUX GRAINES

Ajoutez à la pâte 50 g de parmesan râpé ou 50 g de mélange de graines (type graines pour pâte à pain ou pour salade).

AUX ÉPICES - AUX HERBES

Ajoutez à la pâte 2 cuillerées à café de curry, de ras el-hanout, d'herbes de Provence, de graines de coriandre, cumin, fenouil, carvi, nigelle...

À LA TOMATE

Diluez dans l'eau 1 cuillerée à soupe de concentré de tomate.

SANS GLUTEN

Remplacez la farine par un mélange de farines sans gluten et ajoutez 5 g de gomme de guar pour lier la pâte (produits vendus en magasins bio).

Pâte sablée nature

PRÉPARATION : 10 MIN
REPOS : 1 H AU MOINS

POUR 400 G DE PÂTE
200 g de farine
120 g de beurre demi-sel
60 g de sucre glace
1 œuf battu

À la main ou au robot, pour une texture plus fondante. Dans un saladier, fouettez le **beurre ramolli** avec le sucre glace et l'œuf jusqu'à obtenir un mélange crémeux. Ajoutez la farine et amalgamez le tout à l'aide d'une spatule en bois. Finissez de rassembler en boule à la main, en travaillant la pâte le moins possible. Si vous utilisez un robot, donnez juste quelques impulsions pour amalgamer la farine au mélange crémeux, puis rassemblez la pâte à la main.

Emballez la pâte dans du film alimentaire et mettez-la au réfrigérateur 1 heure au moins, idéalement une nuit.

Si la pâte est difficile à étaler sur le plan de travail, mettez-la sur du papier sulfurisé et étalez-la en utilisant, au lieu de farine, du sucre glace pour le rouleau. Découpez la forme à la taille souhaitée, puis retournez le papier avec la pâte pour garnir le moule et lestez le tout pour la cuisson à blanc.

À la main, pour une texture plutôt friable. Disposez la farine en puits sur le plan de travail. Ajoutez le **beurre froid** coupé en dés et le sucre glace. Effritez les ingrédients du bout des doigts jusqu'à obtenir un mélange sableux. Ajoutez l'œuf, travaillez la pâte et rassemblez-la en la pétrissant au minimum. Des petites particules de beurre doivent être encore visibles.

Quelques déclinaisons gourmandes

À LA CASSONADE - À LA VERGEOISE

Remplacez le sucre glace par de la cassonade ou remplacez-en la moitié par de la vergeoise brune.

AU ZESTE DE CITRON OU D'ORANGE

Ajoutez à la pâte 1 cuillerée à soupe de zeste de citron ou d'orange râpé.

CACAOTÉE

Remplacez 25 g de farine par 25 g de cacao en poudre et tamisez farine et cacao ensemble.

AUX NOIX - AUX NOISETTES - AUX AMANDES - À LA NOIX DE COCO

Ajoutez à la pâte 50 g de noix, noisettes, noix de macadamia ou amandes (hachées ou en poudre), ou 50 g de noix de coco râpée.

AUX PÉPITES DE CHOCOLAT

Ajoutez à la pâte 75 g de chocolat concassé au couteau (noir, blanc, lait ou mélangé).

AUX ÉPICES « GINGERBREAD »

Mixez 2 bâtons de cannelle, 6 clous de girofle, 1 cuillerée à soupe de gingembre en poudre, 1/2 noix de muscade râpée et 1 cuillerée à café de mélange de poivres « spécial moulin ». Utilisez 2 cuillerées à café rases de ce mélange pour épicer 1 portion de pâte brisée ou sablée. Gardez le reste dans un pot.

« SUPER-VANILLE »

Mixez 3 gousses de vanille coupées en morceaux avec 150 g de sucre. Utilisez 1 cuillerée à soupe rase de ce mélange pour parfumer 1 portion de pâte sablée et gardez le reste dans un pot.

Idée futée

Avec des chutes de pâte, vous pouvez faire des petits sablés. Saupoudrez-les d'un mélange de cassonade et de cannelle avant de les enfourner.

Quelques conseils pratiques

Avoir de la pâte maison à disposition

Vous pouvez préparer une pâte en grande quantité et la congeler. Il est aussi très pratique de congeler un moule contenant une pâte déjà étalée.

Pour ne pas brûler les bords

Avant de passer une tarte sous le gril du four pour faire caraméliser le dessus, protégez les bords avec une bande réalisée en feuille d'aluminium.

Donner un aspect soigné

Faites fondre une petite quantité de gelée de fruits et, à l'aide d'un pinceau, enduisez-en les fruits, cuits ou frais, de votre tarte.

Utiliser des pâtes du commerce ?

Préparer des pâtes maison de qualité est si simple et rapide que les pâtes pré-étalées du commerce ne devraient servir qu'en dépannage. En effet, elles sont généralement trop fines et manquent de saveur.

Lesquelles choisir ?

Préférez celles qui portent la mention « pur beurre » et limitent les additifs. Pour la pâte feuilletée, privilégiez aussi la version « pur beurre », mais vendue en bloc au rayon pâtisserie des supermarchés ou en magasin de surgelés. On trouve aussi maintenant sur Internet de l'excellente pâte feuilletée fraîche (jusqu'alors réservée aux professionnels) qui est envoyée par la poste en colis réfrigéré. Une autre solution : achetez-en chez un bon boulanger.

La cuisson à blanc

◎◎ La cuisson à blanc, totale ou partielle selon les recettes, est recommandée la plupart du temps pour éviter un fond de tarte pâteux.

◎◎ Mettez d'abord le moule garni de pâte au moins 30 minutes au réfrigérateur ou, mieux, au congélateur avant de lester et de cuire la pâte. Cela permet d'éviter que la pâte se rétracte à la cuisson.

◎◎ Déposez, à l'intérieur de la tarte, un disque de papier sulfurisé assez grand pour que le papier dépasse du moule. Remplissez-le avec des billes de cuisson en céramique ou du riz (évitez les légumes secs, car après deux ou trois cuissons, ils deviennent trop légers).

◎◎ Enfournez le plus bas possible dans le four préchauffé.

Idée futée

Ramassez des petits galets à la rivière, lavez-les soigneusement et utilisez-les pour lester vos tartes.

Le bon choix des moules

- Préférez les moules en métal ; dans ceux en verre ou en porcelaine, la pâte ne dore pas bien.
- Privilégiez les moules à fond amovible, de préférence antiadhésifs.
- Beurrez toujours les moules généreusement, même s'ils sont antiadhésifs. La pâte en sera plus dorée et plus croustillante, et la tarte plus facile à démouler.
- Pour une quiche généreuse et à la garniture moelleuse, préférez un moule moins grand mais plus profond (une tourtière) ou un moule à manqué de 4 ou 5 cm de hauteur au maximum et de préférence à fond amovible (en vente dans les magasins spécialisés et sur Internet). Les moules à charnière ne sont pas indiqués, car ils sont généralement trop hauts et difficiles à garnir de pâte.
- Si vous n'avez pas de moule à fond amovible, garnissez largement votre moule de papier sulfurisé (inutile de graisser le moule dans ce cas). En la saisissant par le papier, vous pourrez sortir la tarte sans la casser.

Quiche au saumon, cresson et tomates confites

POUR 6 PERSONNES

PRÉPARATION : 25 MIN

REPOS : 30 MIN - CUISSON : 50 MIN

400 g de pâte brisée nature, au seigle
ou à la tomate (-> pages 4-5)
1 bouquet de cresson
400 g de fromage à tartiner (type St-Môret®)
20 cl de lait
1 cuill. à soupe de farine
4 œufs
10 tomates séchées à l'huile
300 g de filet de saumon frais
sel et poivre

moule à tarte Ø 28 cm ou moule à manqué Ø 22 cm ou moule rectangulaire de taille équivalente

Étalez la pâte et garnissez-en le moule bien beurré. Mettez 30 minutes au réfrigérateur.

Faites cuire la pâte à blanc (-> page 9) 15 minutes au four préchauffé à 150 °C (th. 5).

Pendant ce temps, rincez le cresson, réservez une poignée de jolies feuilles et mettez le reste dans une casserole, sans l'essorer. Faites-le cuire 5 minutes à feu vif, puis pressez-le dans un torchon pour retirer toute l'eau.

Mixez ensemble le fromage, le lait, la farine et les œufs, salez et poivrez. Prélevez la moitié de ce mélange et mixez-la avec le cresson, puis mixez le reste avec les tomates égouttées.

Réglez la température du four à 180 °C (th. 6). Coupez le saumon en grosses lanières et disposez-les sur le fond de pâte. Recouvrez avec le mélange au cresson et enfournez pour 10 minutes. Versez ensuite doucement le mélange à la tomate sur le dessus et poursuivez la cuisson 25 minutes.

Servez tiède ou froid, avec quelques feuilles de cresson en décor.

Variante

Remplacez le filet de saumon par du maquereau fumé et le cresson par 300 g d'épinards en branches, frais ou surgelés.

Tarte au thon et aux artichauts

POUR 6 PERSONNES

PRÉPARATION : 20 MIN

REPOS : 30 MIN - CUISSON : 20 MIN

350 g de pâte feuilletée au beurre
ou 400 g de pâte brisée à l'huile
d'olive (-> pages 4-5)
6 cœurs d'artichaut en bocal
(de préférence avec la queue)
160 g de thon à l'huile d'olive
250 g de fromage à tartiner
(type St-Môret®) ou de ricotta
4 cuill. à soupe de pesto rouge
ou de tapenade verte
2 cuill. à soupe d'olives noires
ou vertes, hachées
le jus de 1/2 citron

plaque à four

Étalez la pâte sur 2 mm d'épaisseur, découpez-y un disque de 28 cm de diamètre et déposez-le sur la plaque beurrée. Badigeonnez le pourtour à l'eau à l'aide d'un pinceau. Dans les chutes, découpez une bande de pâte et collez-la sur le pourtour du disque. Mettez la plaque 30 minutes au réfrigérateur.

Préchauffez le four à 200 °C (th. 6-7). Piquez le fond de pâte à la fourchette. (Si vous utilisez de la pâte feuilletée, lestez l'intérieur du disque en y déposant un moule à manqué rempli de billes de cuisson.) Enfournez pour 20 minutes, puis laissez refroidir.

Égouttez et émincez les artichauts. Égouttez et émiettez le thon. Au dernier moment, mélangez le fromage avec le pesto et étalez cette préparation sur le fond de tarte. Disposez dessus les artichauts, le thon et les olives. Arrosez de jus de citron.

Servez à température ambiante.

Conseil Vous pouvez parsemer la tarte de copeaux de parmesan.

Tatin d'oignons doux au chèvre

POUR 6 PERSONNES

PRÉPARATION : 30 MIN

CUISSON : 1 H

400 g de pâte brisée nature
ou semi-complète (-> pages 4-5)
1 kg de gros oignons (doux de préférence)
100 g de sucre en poudre
2 cuill. à soupe de vinaigre de cidre
150 g de fromage de chèvre demi-sec
1 branche de thym frais (facultatif)
sel

moule en fonte spécial tatin
ou moule à manqué ∅ 24 cm

Bon à savoir

Si vous n'avez pas de moule en fonte, faites le caramel dans une casserole, puis versez-le dans le moule à manqué.

Coupez les oignons en deux horizontalement, sans les peler. Faites-les cuire 20 minutes à l'eau bouillante salée ; ils doivent être tendres et commencer à se défaire. Égouttez-les, retirez la peau et épongez-les.

Préchauffez le four à 180 °C (th. 6).

Posez le moule à tatin sur le feu et faites chauffer le sucre et 3 cuillerées à soupe d'eau, jusqu'à obtenir un caramel acajou clair. Stoppez la cuisson en ajoutant le vinaigre, puis ôtez le moule du feu.

Disposez les oignons dans le moule, face coupée en dessous. Parsemez-les de fromage émietté et, éventuellement, de thym.

Étalez la pâte en un disque largement plus grand que le diamètre du moule et disposez-la sur le moule. Recoupez-la en gardant 3 cm sur le pourtour, puis rentrez les bords à l'intérieur. Enfournez pour 30 minutes, jusqu'à ce que la pâte devienne blonde.

Inclinez doucement le moule en maintenant le dessus de la tarte avec une manique tenue à plat. Si les oignons ont rendu de l'eau, videz celle-ci dans une petite casserole et faites-la bouillir jusqu'au point où elle se change en caramel.

Démoulez la tarte en la retournant et reversez ce caramel sur le dessus. Si les oignons ne sont pas assez colorés, passez la tarte quelques minutes sous le gril en la surveillant. Servez chaud.

Tarte aux œufs brouillés, épinards et bacon

POUR 6 PERSONNES

PRÉPARATION : 30 MIN

REPOS : 30 MIN - CUISSON : 30 MIN

400 g de pâte brisée nature, à l'épeautre ou de « fausse feuilletée » (-> pages 4-5)
600 g d'épinards surgelés en branches
8 tranches de bacon
50 g de beurre
50 g de farine
30 cl de lait
2 pincées de noix de muscade
10 tomates cerises
sel et poivre

POUR LES ŒUFS BROUILLÉS
10 œufs
50 g de beurre
100 g de crème fraîche épaisse

moule à tarte Ø 28 cm
ou moule à manqué Ø 22 cm
et plaque à four

Faites décongeler les épinards, puis égouttez-les dans une passoire en les pressant fortement pour extraire le maximum d'eau.

Étalez la pâte et garnissez-en le moule bien beurré. Mettez 30 minutes au réfrigérateur.

Faites cuire la pâte à blanc (-> page 9) 15 minutes au four préchauffé à 170 °C (th. 5-6). Retirez le lest et le papier, et faites cuire la pâte 10 minutes de plus, en enfournant en même temps le bacon déposé sur une plaque.

Pendant ce temps, dans une casserole à fond épais, faites blondir le beurre avec la farine tout en mélangeant au fouet. Versez le lait, portez à ébullition et laissez épaissir 2 minutes sans cesser de remuer. Hors du feu, ajoutez les épinards et la muscade, salez et poivrez. Versez ce mélange sur le fond de tarte et remettez au four réglé à 120 °C (th. 4), le temps de faire cuire les œufs.

Préparez les œufs brouillés. Dans un saladier, battez les œufs légèrement à la fourchette, salez et poivrez. Dans une sauteuse, faites-les cuire avec le beurre à feux doux, en remuant doucement au fouet, 3 minutes environ. Lorsqu'ils sont encore un peu baveux, ajoutez la crème fraîche, juste le temps qu'elle chauffe, et ôtez du feu.

Sortez la tarte et le bacon du four. Déposez les œufs brouillés sur les épinards, puis le bacon et les tomates. Servez aussitôt.

spécial
brunch

Tarte au poulet et aux girolles

POUR 6 PERSONNES

PRÉPARATION : 25 MIN

REPOS : 30 MIN - CUISSON : 35 MIN

400 g de pâte brisée nature ou semi-complète (-> pages 4-5)
250 g de restes de poulet rôti ou de poulet fumé
2 gousses d'ail + 1/2 bouquet de persil (ou l'équivalent surgelé)
250 g de girolles
50 g de beurre
25 cl de crème liquide entière
2 œufs
50 g de parmesan en copeaux
sel et poivre

moule à tarte ∅ 28 cm

Étalez la pâte et garnissez-en le moule bien beurré. Mettez 30 minutes au réfrigérateur.

Faites cuire la pâte à blanc (-> page 9) 15 minutes au four préchauffé à 150 °C (th. 5).

Pendant ce temps, coupez le poulet en dés. Pelez l'ail, rincez et effeuillez le persil. Hachez-les ensemble. Nettoyez et émincez les girolles. Faites-les sauter 5 minutes à feu vif à la poêle avec le beurre.

Réglez la température du four à 180 °C (th. 6).

Dans un saladier, fouettez la crème liquide avec les œufs. Ajoutez le poulet, les girolles, le hachis d'ail et de persil, salez et poivrez.

Versez le mélange sur la pâte, parsemez de parmesan et enfournez pour 20 minutes.

Servez chaud ou tiède.

Conseil Hors saison, vous pouvez utiliser des girolles surgelées.

Tarte au potimarron, crème de soja et châtaignes

POUR 6 PERSONNES

PRÉPARATION : 25 MIN

REPOS : 30 MIN - CUISSON : 1 H

400 g de pâte brisée à l'épeautre
ou aux graines (-> pages 4-5)
1 petit potimarron
4 œufs
50 cl de soja cuisine ou de lait d'amande
1 cuill. à café rase de mélange cinq-épices
ou de mélange « Gingerbread » (-> page 7)
200 g de châtaignes grillées
ou de marrons en conserve
50 g de graines mélangées
(tournesol, courge, lin...)
sel et poivre

moule à tarte ∅ 28 cm

Bon à savoir

La peau du potimarron est très fine. Une fois mixée, elle est indécelable.

Étalez la pâte et garnissez-en le moule bien beurré. Mettez 30 minutes au réfrigérateur.

Pendant ce temps, lavez le potimarron, coupez-le en deux et retirez les graines. Détaillez-le en gros dés, sans le peler. Faites-le cuire 15 minutes à l'eau bouillante salée. Égouttez-le et mixez-le. Pesez 300 g de purée, gardez le reste pour un potage.

Faites cuire la pâte à blanc (-> page 9) 15 minutes au four préchauffé à 150 °C (th. 5).

Réglez la température du four à 180 °C (th. 6). Dans un saladier, fouettez les œufs, le soja cuisine, les épices, salez et poivrez. Versez le mélange sur la pâte, parsemez de châtaignes grossièrement émiettées et de graines. Enfournez pour 30 minutes. Servez chaud ou tiède.

Tarte cheesecake aux petits légumes printaniers

POUR 6 PERSONNES

PRÉPARATION : 30 MIN

REPOS : 30 MIN - CUISSON : 25 MIN

400 g de pâte brisée nature, au beurre d'escargot ou aux graines (-> pages 4-5)
12 à 15 radis
200 g de jeunes carottes
200 g de fèves fraîches ou surgelées
200 g de petits pois frais ou surgelés
200 g de jeunes asperges vertes
200 g de chou romanesco ou de brocoli
2 cuill. à soupe d'huile de courge ou de sésame non rôti (dans les magasins bio)
400 g de fromage « ail et fines herbes » bien froid
20 cl de crème liquide entière, très froide
fanes de carottes, persil ou cerfeuil pour le décor
sel

moule rectangulaire de 13 cm x 30 cm ou moule à tarte ∅ 28 cm

Étalez la pâte et garnissez-en le moule bien beurré. Mettez 30 minutes au réfrigérateur.

Faites cuire la pâte à blanc (-> page 9) 15 minutes au four préchauffé à 170 °C (th. 5-6). Retirez le lest et le papier, et faites cuire 10 minutes de plus.

Pendant ce temps, préparez les légumes. Nettoyez les radis. Pelez les carottes en gardant les fanes. Écossez les fèves et les petits pois. Retaillez les asperges à 8 cm de la pointe et coupez les queues en rondelles.

Faites cuire les fèves 2 minutes à l'eau bouillante, puis retirez la peau.

Faites cuire les carottes, les asperges et le chou romanesco 5 minutes à l'eau bouillante salée. Ajoutez les petits pois et laissez cuire 3 minutes de plus. Égouttez les légumes, puis mélangez-les délicatement avec les fèves et l'huile dans un saladier.

Fouettez ensemble le fromage et la crème liquide, salez si nécessaire. Étalez ce mélange sur le fond de tarte. Recouvrez de légumes et décorez avec les radis, les fanes et les herbes. Servez à température ambiante.

spécial brunch

Quiche aux poireaux, moutarde et saucisse fumée

POUR 6 PERSONNES

PRÉPARATION : 25 MIN

REPOS : 30 MIN - CUISSON : 1 H

400 g de pâte brisée nature
ou aux graines de cumin (-> pages 4-5)
200 g de saucisse fumée type Morteau
2 poireaux moyens
50 g de beurre
50 g de farine
30 cl de lait
4 œufs
3 cuill. à soupe de moutarde à l'ancienne
ou de moutarde violette
sel et poivre

moule à tarte ∅ 28 cm ou moule à manqué ∅ 22 cm

Étalez la pâte et garnissez-en le moule bien beurré. Mettez 30 minutes au réfrigérateur.

Pendant ce temps, détaillez la saucisse en rondelles. Coupez les poireaux en tronçons de 4 cm et lavez-les. Faites-les cuire 12 minutes à la vapeur. Épongez-les soigneusement pour retirer le maximum d'eau.

Faites cuire la pâte à blanc (-> page 9) 15 minutes au four préchauffé à 150 °C (th. 5).

Pendant ce temps, dans une casserole à fond épais, faites blondir le beurre avec la farine tout en mélangeant au fouet. Versez le lait, portez à ébullition sans cesser de remuer et laissez épaissir 3 minutes. Hors du feu, ajoutez les œufs et la moutarde, salez et poivrez.

Réglez la température du four à 180 °C (th. 6). Disposez les poireaux sur le fond de tarte et recouvrez-les avec le mélange à la moutarde. Répartissez les tranches de saucisse sur le dessus et remettez la tarte au four pour 30 minutes. Servez chaud.

Tatin d'endives aux noix

POUR 6 PERSONNES

PRÉPARATION : 25 MIN

CUISSON : 50 MIN

400 g de pâte brisée nature
ou de « fausse feuilletée » (-> pages 4-5)
6 grosses endives
100 g de sucre en poudre
75 g de beurre
100 g de noix concassées
150 g de fromage bleu (facultatif)

moule en fonte spécial tatin
ou moule à manqué ∅ 22 cm
ou 6 moules à tartelette ∅ 12 cm

Bon à savoir

Si vous n'avez pas de moule en fonte, faites le caramel dans une casserole, puis versez-le dans le moule à manqué.

Fendez les endives en deux et faites-les cuire 15 minutes à la vapeur. Épongez-les en les pressant fortement dans un torchon pour retirer le maximum d'eau.

Préchauffez le four à 180 °C (th. 6).

Posez le moule à tatin sur le feu et faites chauffer le sucre et 3 cuillerées à soupe d'eau, jusqu'à obtenir un caramel acajou clair. Ôtez le moule du feu et parsemez avec le beurre en copeaux. Disposez les deux tiers des endives en étoile sur le caramel. Parsemez de noix et, éventuellement, de fromage émietté, puis recouvrez avec les endives restantes.

Étalez la pâte en un disque largement plus grand que le diamètre du moule et disposez-la sur le moule. Recoupez-la en gardant 3 cm sur tout le pourtour, puis rentrez les bords à l'intérieur. Enfournez pour 30 minutes, jusqu'à ce que la pâte devienne blonde.

Inclinez doucement le moule en maintenant le dessus de la tarte avec une manique tenue à plat. Si les endives ont rendu de l'eau, videz celle-ci dans une petite casserole et faites-la bouillir jusqu'au point où elle se change en caramel. Démoulez la tarte en la retournant et reversez ce caramel sur le dessus.

Servez chaud, en accompagnement d'un rôti de porc ou de veau.

Tourte au confit de canard et aux cèpes

POUR 6 PERSONNES
PRÉPARATION : 30 MIN
CUISSON : 1 H

300 g de cèpes ou de mélange de champignons sauvages, frais ou surgelés
6 manchons de canard confit
ou 300 g de confit de porc
30 g de farine
25 cl de lait
2 pincées de mélange quatre-épices
1 œuf
sel et poivre

POUR LA PÂTE BRISÉE À LA GRAISSE DE CANARD
400 g de farine
200 g de graisse de canard
(récupérée dans la boîte de confit)
10 cl d'eau froide (100 g)
2 cuill. à café rases de sel

POUR LA DORURE
1 jaune d'œuf + 1 cuill. à soupe de lait

moule à tarte profond ∅ 28 cm
ou moule à manqué ∅ 22 cm

Préparez la pâte brisée à la graisse de canard selon la technique indiquée page 4.

Si vous utilisez des cèpes frais, nettoyez-les et émincez-les. Désossez les manchons et faites-les dorer doucement à la poêle. Égouttez-les soigneusement pour retirer le maximum de graisse.

Dans la poêle non essuyée, faites sauter les cèpes 5 minutes à feu vif, puis saupoudrez-les de farine et laissez dorer 2 minutes. Versez le lait et faites épaissir 5 minutes à feu doux. Hors du feu, ajoutez les épices, l'œuf battu à la fourchette, le canard, salez et poivrez.

Préchauffez le four à 180 °C (th. 6). Séparez la pâte en 2 boules, l'une étant deux fois plus grosse que l'autre. Étalez la grosse boule et disposez-la dans le moule beurré ou enduit de graisse de canard, puis versez-y la garniture.

Étalez la seconde boule en un disque correspondant au diamètre du moule. Disposez ce disque sur la garniture. Pincez les bords ensemble et ménagez un petit trou au milieu. Dans les chutes de pâte, découpez des motifs décoratifs – feuilles, champignons – et décorez-en la tourte.

À l'aide d'un pinceau, dorez le dessus avec le jaune d'œuf délayé dans le lait. Enfournez pour 50 minutes.

Servez chaud, avec une salade amère comme la frisée ou les endives.

Variante

Remplacez le canard par un reste de rôti de porc ou de veau coupé en dés.

Tarte antipasti

POUR 6 À 8 PERSONNES

PRÉPARATION : 20 MIN

CUISSON : 20 MIN

400 g de pâte brisée nature
ou à la tomate (-> pages 4-5)
1 œuf battu
1 pot de poivrons rouges
(400 g environ)
6 cuill. à soupe de pesto
12 billes de mozzarella
1 cuill. à soupe de câpres
et/ou quelques feuilles
de basilic (facultatif)
huile d'olive
poivre

plaque à four

Préchauffez le four à 180 °C (th. 6). Étalez la pâte, découpez-y un disque de 28 cm de diamètre et déposez-le sur la plaque bien beurrée. Avec les chutes, roulez 2 petits boudins de 7 mm de diamètre et torsadez-les ensemble. Collez cette torsade sur le pourtour du disque avec un peu d'œuf battu, passé au pinceau. Piquez le milieu de la pâte à la fourchette et enfournez pour 20 minutes.

Pendant ce temps, égouttez les poivrons et épongez-les sur du papier absorbant.

Sortez le moule du four, étalez le pesto sur le fond de tarte et disposez dessus les poivrons en étoile. Déposez les billes de mozzarella, arrosez d'un filet d'huile d'olive et poivrez. Parsemez éventuellement de câpres et/ou de basilic ciselé.

Servez tiède ou à température ambiante.

Variante Remplacez les poivrons par des aubergines grillées en conserve.

Tarte aux sardines, curry et lait de coco

POUR 6 PERSONNES

PRÉPARATION : 20 MIN

REPOS : 30 MIN - CUISSON : 45 MIN

400 g de pâte brisée nature
ou au curry (-> pages 4-5)
400 g de pois chiches en conserve
4 œufs
30 cl de lait
20 cl de lait de coco
2 cuill. à café de pâte de curry
2 boîtes de sardines à l'huile, nature, à la tomate
ou au piment (250 g égouttées)
sel

moule à tarte ∅ 28 cm
ou moule rectangulaire de taille équivalente

spécial placard

Étalez la pâte et garnissez-en le moule bien beurré. Mettez 30 minutes au réfrigérateur.

Faites cuire la pâte à blanc (-> page 9) 15 minutes au four préchauffé à 150 °C (th. 5).

Pendant ce temps, égouttez et rincez les pois chiches. Réservez-en la moitié et mixez le reste avec les œufs, les deux sortes de lait, la pâte de curry et du sel.

Réglez la température du four à 180 °C (th. 6).

Versez le mélange sur la pâte et enfournez. Après 20 minutes, déposez les sardines égouttées et les pois chiches restants sur la tarte, puis faites cuire 10 minutes de plus. Servez tiède ou froid.

Conseil

Vous pouvez ajouter une poignée d'herbes (persil, cerfeuil...) dans le mélange mixé et saupoudrer la tarte d'un peu de curry ou de paprika.

Quiche au brocoli et chips de carotte épicées

POUR 6 PERSONNES

PRÉPARATION : 25 MIN

REPOS : 30 MIN - CUISSON : 45 MIN

400 g de pâte brisée nature, semi-complète ou aux graines de coriandre (-> pages 4-5)
1 grosse tête de brocoli
1/2 bouquet de coriandre fraîche ou de cerfeuil
250 g de brousse ou de ricotta
25 cl de crème liquide entière
4 œufs
sel et poivre

POUR LES CHIPS DE CAROTTE

2 carottes moyennes
1 cuill. à soupe de cassonade
1 cuill. à café de ras el-hanout
1 cuill. à soupe d'huile d'olive

moule à manqué ∅ 22 cm (assez profond pour disposer les fleurettes de brocolis debout) et plaque à four

Étalez la pâte et garnissez-en le moule bien beurré. Mettez 30 minutes au réfrigérateur.

Faites cuire la pâte à blanc (-> page 9) 15 minutes au four préchauffé à 150 °C (th. 5).

Pendant ce temps, séparez le brocoli en fleurettes et faites-le cuire 5 minutes à l'eau bouillante salée. Égouttez-le. Rangez les fleurettes sur la pâte verticalement, côte à côte, comme des petits arbres.

Effeuillez la coriandre. Mixez ensemble la brousse, la crème liquide, la coriandre et les œufs, salez et poivrez. Versez ce mélange sur les brocolis.

Préparez les chips de carotte. Préchauffez le four à 180 °C (th. 6). Pelez les carottes et coupez-les en fines lanières à l'aide d'une mandoline ou d'un Économe. Dans un saladier, mélangez-les avec la cassonade, le ras el-hanout et l'huile. Étalez-les sur la plaque.

Enfournez la quiche et les chips en même temps. Surveillez la cuisson des chips et sortez-les du four au bout de 20 minutes environ ; faites cuire la quiche 10 minutes de plus.

Servez la quiche chaude, surmontée des chips.

Apple pie de Thanksgiving

POUR 6 À 8 PERSONNES

PRÉPARATION : 25 MIN - CUISSON : 45 MIN

800 g de pâte brisée nature (-> page 4)
ou de pâte sablée « Gingerbread » (-> page 7)
1 kg de pommes (reinettes de préférence)
100 g de cranberries séchées ou de raisins secs
50 g de fécule de maïs
60 g de cassonade
1 cuill. à café d'épices « Gingerbread »
(-> page 7)
50 g de beurre fondu

POUR LA DORURE
1 jaune d'œuf + 1 cuill. à soupe de lait
30 g de cassonade

moule à tarte profond Ø 28 cm

Pelez les pommes et coupez-les en gros dés. Dans un saladier, mélangez-les avec les cranberries, la fécule, la cassonade, les épices et le beurre fondu.

Préchauffez le four à 180 °C (th. 6). Séparez la pâte en 2 boules, l'une étant deux fois plus grosse que l'autre. Étalez la grosse boule et disposez-la dans le moule bien beurré, puis versez-y le contenu du saladier en dôme.

Étalez la seconde boule et découpez-la en bandes de 1,5 cm de large. Tressez-les sur le dessus de la garniture (voir ci-dessous). Soudez bien les extrémités des bandes sur le pourtour, puis roulez celui-ci en un bourrelet.

Dorez la tarte au pinceau avec le jaune d'œuf mélangé au lait. Saupoudrez de cassonade et enfournez pour 45 minutes. Servez tiède ou froid.

spécial
USA

Tarte Passion-framboises

POUR 6 À 8 PERSONNES

PRÉPARATION : 30 MIN

REPOS : 30 MIN - CUISSON : 30 MIN

400 g de pâte sablée nature ou au zeste de citron vert (-> pages 6-7)

250 g de framboises ou de fraises des bois

POUR LE PASSION CURD

1 citron vert

6 fruits de la Passion

75 g de sucre en poudre

2 œufs + 2 jaunes

75 g de beurre ramolli

POUR LE COULIS (FACULTATIF)

2 fruits de la Passion

30 g de sucre en poudre

1 cuill. à café de fécule de maïs

moule à tarte ou cercle ∅ 26 cm

Étalez la pâte et garnissez-en le moule bien beurré. Mettez 30 minutes au réfrigérateur.

Faites cuire la pâte à blanc (-> page 9) 15 minutes au four préchauffé à 170 °C (th. 5-6). Retirez le lest et le papier, et faites cuire 10 minutes de plus.

Préparez le Passion curd. Pressez le citron vert. Retirez la pulpe des fruits de la Passion et passez-la dans un petit tamis pour ôter les graines. Mélangez au fouet la pulpe obtenue, le jus de citron, le sucre, les œufs et les jaunes. Dans une casserole à fond épais, faites cuire ce mélange à petit feu, tout en remuant au fouet, 5 minutes environ, jusqu'à ce qu'il épaississe comme une crème pâtissière. Incorporez le beurre au fouet, puis laissez refroidir.

Vous pouvez éventuellement préparer un coulis de fruits de la Passion. Ouvrez les fruits en deux, mettez la pulpe et les graines dans une petite casserole avec le sucre et la fécule de maïs délayée dans 3 cuillerées à soupe d'eau. Portez à ébullition 1 minute environ, juste le temps d'épaissir le coulis, puis laissez refroidir.

Au dernier moment, étalez le Passion curd sur le fond de tarte. Recouvrez-le de framboises ; si vous avez préparé le coulis, recouvrez une moitié de la tarte avec les framboises et l'autre moitié avec le coulis. Servez frais.

Tartelettes à la mousse de caramel et aux noix de macadamia

POUR 6 À 8 PERSONNES

PRÉPARATION : 25 MIN

REPOS : 2 H 30 - CUISSON : 25 MIN

400 g de pâte sablée nature, à la vergeoise ou aux noisettes *(-> pages 6-7)*
75 g de noix de macadamia ou de noisettes décortiquées
75 g de sucre en poudre

POUR LA MOUSSE AU CARAMEL
150 g de cassonade
25 cl de crème liquide entière
75 g de beurre
1 cuill. à café rase de fleur de sel

6 moules à tartelette ∅8 cm ou moule à tarte ∅20 cm

Étalez la pâte et garnissez-en les moules à tartelette bien beurrés. Mettez 30 minutes au réfrigérateur. Faites cuire la pâte à blanc (-> page 9) 15 minutes au four préchauffé à 170 °C (th. 5-6).

Étalez les noix dans un autre moule. Retirez le lest et le papier des tartelettes, et faites cuire 10 minutes de plus en enfournant les noix en même temps.

Préparez la mousse au caramel. Dans une casserole à fond épais, faites chauffer la cassonade et 3 cuillerées à soupe d'eau jusqu'à obtenir un caramel acajou clair. Ajoutez la crème liquide, le beurre et la fleur de sel, remuez au fouet jusqu'à obtenir un mélange homogène, puis ôtez du feu. Si le mélange se sépare, mixez-le. Laissez la crème au caramel refroidir, puis mettez-la au réfrigérateur au moins 2 heures.

Faites un autre caramel avec le sucre et 3 cuillerées à soupe d'eau. Lorsqu'il est acajou, versez-le sur les noix grillées, dans le moule, et laissez-le durcir.

Au moment de servir, fouettez la crème au caramel jusqu'à ce qu'elle pâlisse et devienne mousseuse, puis étalez-la sur les fonds des tartelettes.

Cassez le caramel aux noix et décorez-en le dessus. Servez aussitôt.

Attention
Ne mettez pas la tarte au réfrigérateur, car le caramel fondrait.

Sablé breton aux fruits rouges et au mascarpone

POUR 6 PERSONNES

PRÉPARATION : 25 MIN

CUISSON : 20 MIN

800 g de fruits rouges assortis
200 g de mascarpone très froid
10 cl de crème liquide entière, très froide
50 g de sucre glace
2 ou 3 gouttes d'essence de rose ou de géranium
et pétales de rose pour le décor (facultatif)

POUR LE SABLÉ BRETON

140 g de farine
1/2 sachet de levure chimique (6 g)
100 g de beurre aux cristaux de sel
80 g de sucre glace
2 jaunes d'œufs

cercle ou moule à tarte ∅ 24 cm
ou 6 cercles ∅ 8 cm

Préparez le sablé breton selon la technique de la pâte sablée (-> page 6) en ayant tamisé au préalable la farine avec la levure.

Préchauffez le four à 180 °C (th. 6).

Déposez la pâte dans le cercle (ou sur le fond du moule à tarte sans faire de rebord) en la pressant avec les doigts, car elle est trop collante pour être étalée. Faites cuire 20 minutes, puis laissez refroidir.

Rincez rapidement les fruits si nécessaire (sauf les mûres et les framboises) et déposez-les sur du papier absorbant.

Au moment de servir, fouettez ensemble le mascarpone et la crème liquide. Ajoutez le sucre glace et, éventuellement, le parfum de votre choix. Étalez cette crème sur le sablé, recouvrez de fruits et, si vous le souhaitez, de pétales. Servez aussitôt.

Bon à savoir

Tous les fruits rouges conviennent pour cette recette : fraises, framboises, cassis, groseilles, mûres, myrtilles...

Variante

Remplacez l'essence de fleurs par 1 cuillerée à soupe rase de thé vert matcha.

Tatin de mangue au gingembre confit

POUR 6 PERSONNES

PRÉPARATION : 25 MIN

CUISSON : 35 MIN

400 g de pâte brisée nature
ou « fausse feuilletée » (-> pages 4-5)
3 ou 4 mangues (selon leur taille) mûres à point
50 g de gingembre confit (dans les épiceries asiatiques ou au rayon fruits secs)
100 g de sucre en poudre
50 g de beurre demi-sel

moule en fonte spécial tatin ou moule à manqué Ø 22 cm

Bon à savoir
Si vous n'avez pas de moule en fonte, faites le caramel dans une casserole, puis versez-le dans le moule à manqué.

Tranchez les mangues en deux en tournant de part et d'autre du noyau. Pelez-les et coupez-les en quartiers. Récupérez la chair autour des noyaux et coupez-la en dés. Hachez grossièrement le gingembre.

Préchauffez le four à 180 °C (th. 6). Posez le moule à tatin sur le feu et faites chauffer le sucre et 3 cuillerées à soupe d'eau, jusqu'à obtenir un caramel acajou clair. Ôtez le moule du feu et ajoutez le beurre en copeaux et le gingembre.

Disposez les quartiers de mangue en rosace dans le moule et finissez de remplir avec les dés de mangue.

Étalez la pâte en un disque largement plus grand que le diamètre du moule et disposez-la sur le moule. Recoupez-la en gardant 3 cm sur tout le pourtour, puis rentrez les bords à l'intérieur. Enfournez pour 30 minutes, jusqu'à ce que la pâte devienne blonde.

Inclinez doucement le moule en maintenant le dessus de la tarte avec une manique tenue à plat. Si les mangues ont rendu de l'eau, videz celle-ci dans une petite casserole et faites-la bouillir jusqu'au point où elle se change en caramel. Démoulez la tarte en la retournant et reversez ce caramel sur le dessus.

Servez tiède, avec de la crème fraîche épaisse ou du mascarpone.

Tarte au chocolat noir

POUR 8 PERSONNES

PRÉPARATION : 20 MIN

REPOS : 30 MIN - CUISSON : 25 MIN

400 g de pâte sablée
aux pépites de chocolat (-> pages 6-7)
300 g de chocolat noir
3 ou 4 cuill. à soupe de lait
25 cl de crème liquide entière
2 pincées de fève tonka râpée ou 1 cuill. à café
de zeste d'orange (facultatif)
1 œuf

POUR LE DÉCOR
75 g de chocolat noir

moule à tarte ou cercle ⌀ 20 cm
ou 6 moules à tartelette ⌀ 8 cm

Étalez la pâte et garnissez-en le moule bien beurré. Mettez 30 minutes au réfrigérateur. Faites cuire la pâte à blanc (-> page 9) 15 minutes au four préchauffé à 170 °C (th. 5-6).

Retirez le lest et le papier, et faites cuire 10 minutes de plus.

Pendant ce temps, cassez le chocolat dans un saladier. Dans une casserole, portez le lait et la crème liquide à ébullition. Versez sur le chocolat et couvrez pendant 5 minutes. Mélangez ensuite au fouet à main pour obtenir une ganache lisse. Laissez tiédir, puis incorporez le parfum choisi et l'œuf battu à la fourchette.

Lorsque le fond de tarte est cuit, versez-y la ganache tiède. Éteignez le four et remettez-y la tarte ; la chaleur résiduelle cuira l'œuf doucement. Laissez la tarte refroidir dans le four.

Préparez le décor. Faites fondre le chocolat et étalez-le sur du papier sulfurisé, à l'aide d'une spatule souple, sur 1 mm d'épaisseur. Laissez-le durcir.

Au dernier moment, décollez délicatement le chocolat en le cassant et déposez les éclats sur la tarte. Servez à température ambiante.

Key lime pie

POUR 6 À 8 PERSONNES

PRÉPARATION : 20 MIN

REPOS : 30 MIN - CUISSON : 45 MIN

400 g de pâte sablée nature (-> page 6)
6 citrons verts (bio de préférence)
1 œuf + 3 jaunes
400 g de lait concentré sucré

moule à tarte Ø 26 cm

Conseil
Vous pouvez recouvrir cette tarte d'une meringue légère, comme celle de la tarte au pamplemousse (voir page 58).

spécial USA

Étalez la pâte et garnissez-en le moule bien beurré. Mettez 30 minutes au réfrigérateur.

Faites cuire la pâte à blanc (-> page 9) 15 minutes au four préchauffé à 170 °C (th. 5-6).

Pendant ce temps, lavez les citrons, râpez le zeste de 3 d'entre eux et pressez-les tous (pour les presser plus facilement, mettez-les 30 secondes au micro-ondes). Dans un saladier, fouettez l'œuf avec les jaunes jusqu'à ce que la préparation blanchisse, puis incorporez le lait concentré, le jus et les zestes des citrons.

Réglez la température du four à 150 °C (th. 5). Versez le mélange au citron sur le fond de tarte et enfournez pour 30 minutes. Laissez la tarte refroidir.

Servez la tarte nature ou décorez de petites touches de crème fouettée non sucrée.

Tartelettes fines aux fruits

POUR 6 TARTELETTES
AU FRUIT DE VOTRE CHOIX

PRÉPARATION : 20 MIN - CUISSON : 15 MIN

400 g de pâte feuilletée pur beurre
(-> conseils page 8)
ou de « fausse feuilletée » (-> pages 4-5)

ABRICOTS ET ROMARIN
15 abricots
6 cuill. à soupe de miel liquide
1 brin de romarin ou de thym citron effeuillé

FIGUES ET NOUGAT
12 figues
100 g de nougat dur
ou de turrón de Jijona, concassé

RAISIN FRAIS ET CARAMEL BALSAMIQUE
1 grosse grappe de raisin vert
50 g de beurre fondu
6 cuill. à soupe de vinaigre balsamique
2 cuill. à soupe de sucre en poudre

plaque à four

spécial brunch

Préchauffez le four à 200 °C (th. 6-7). Étalez la pâte sur 2 mm d'épaisseur, découpez-y 6 disques de 12 cm de diamètre et déposez-les sur la plaque bien beurrée. Piquez les fonds à la fourchette.

Abricots et romarin

Disposez les abricots coupés en quartiers, arrosez-les de miel et parsemez de romarin. Enfournez pour 15 minutes.

Figues et nougat

Disposez les figues coupées en quartiers et parsemez de nougat. Enfournez pour 15 minutes.

Raisin frais et caramel balsamique

Disposez les raisins entiers et arrosez-les de beurre fondu. Enfournez pour 15 minutes. Faites bouillir le vinaigre balsamique avec le sucre jusqu'à ce que le mélange soit réduit de moitié et devienne sirupeux, soit environ 2 minutes. Arrosez les tartelettes de ce caramel à la sortie du four.

Conseil

Proposez en même temps des glaces : aux calissons pour les figues, au caramel pour le raisin, un sorbet au citron pour les abricots.

Tarte ananas-coco

POUR 6 PERSONNES

PRÉPARATION : 25 MIN

REPOS : 30 MIN - CUISSON : 35 MIN

400 g de pâte sablée nature, à la noix de coco ou « super-vanille » (-> pages 6-7)

2 œufs

120 g de cassonade
+ 2 cuill. à soupe pour saupoudrer

30 cl de crème de coco

25 g de fécule de maïs

2 cuill. à soupe de vieux rhum (facultatif)

1 ananas victoria ou 1/2 ananas bien mûr

30 g de beurre fondu

moule rectangulaire de 13 cm x 30 cm

Étalez la pâte et garnissez-en le moule bien beurré. Mettez 30 minutes au réfrigérateur.

Faites cuire la pâte à blanc (-> page 9) 15 minutes au four préchauffé à 170 °C (th. 5-6).

Dans un saladier, fouettez les œufs avec la cassonade, la crème de coco, la fécule et, éventuellement, le rhum. Versez ce mélange sur le fond de tarte. Faites cuire 20 minutes, puis laissez refroidir.

Épluchez l'ananas, coupez-le en tranches de 3 mm d'épaisseur et recoupez celles-ci en deux.

Au dernier moment, allumez le gril du four. Disposez les morceaux d'ananas sur la tarte, de façon qu'ils se chevauchent. Saupoudrez de cassonade et arrosez de beurre fondu. Protégez le bord de la tarte avec une bande d'aluminium. Faites dorer 2 ou 3 minutes sous le gril, en surveillant.

Servez aussitôt.

Conseil Vous pouvez décorer la tarte de copeaux de noix de coco fraîche.

Tarte brûlée au chocolat blanc et au café

POUR 6 PERSONNES

PRÉPARATION : 20 MIN

REPOS : 4 H 30 - CUISSON : 55 MIN

400 g de pâte sablée nature
ou aux noix concassées (-> pages 6-7)
180 g de chocolat blanc
2 cuill. à soupe rases de café lyophilisé
20 cl de lait
30 cl de crème liquide entière
1 œuf + 3 jaunes
40 g de cassonade
une poignée de grains de café
grossièrement écrasés au rouleau
à pâtisserie (facultatif)

moule à tarte Ø 20 cm
ou 6 moules à tartelette Ø 8 cm

Étalez la pâte et garnissez-en le moule bien beurré. Mettez 30 minutes au réfrigérateur.

Faites cuire la pâte à blanc (-> page 9) 15 minutes au four préchauffé à 170 °C (th. 5-6). Retirez le lest et le papier, et faites cuire 10 minutes de plus.

Réglez la température du four à 130 °C (th. 4-5).

Mettez le chocolat en morceaux dans un saladier et ajoutez le café lyophilisé. Portez le lait et la crème liquide à ébullition. Versez le tout dans le saladier, couvrez pendant 5 minutes. Mélangez ensuite au fouet à main jusqu'à obtenir une ganache lisse. Laissez tiédir, incorporez l'œuf et les jaunes.

Versez la crème sur le fond de tarte et enfournez pour 30 minutes.

Laissez refroidir la tarte dans le four. Mettez-la ensuite au frais au moins 4 heures sans la démouler.

Peu avant de servir, allumez le gril du four. Démoulez la tarte et protégez ses bords avec une bande d'aluminium. Saupoudrez-la de cassonade, éventuellement mélangée au café concassé, et passez-la quelques minutes sous le gril, en surveillant, pour caraméliser le dessus. (Vous pouvez aussi utiliser un chalumeau à crème brûlée.) Servez aussitôt.

Tarte meringuée au pamplemousse rose

POUR 6 À 8 PERSONNES
PRÉPARATION : 30 MIN
REPOS : 2 H 30
CUISSON : 30 MIN

400 g de pâte sablée nature (-> page 6)
4 pamplemousses (ruby, sinon roses)
75 g de sucre en poudre
2 œufs + 2 jaunes
75 g de beurre ramolli

POUR LA MERINGUE
2 blancs d'œufs
50 g de sucre en poudre
1 cuill. à soupe rase de mélange « super-vanille » (-> page 7) ou de sucre vanillé

moule à tarte ou cercle ∅ 24 cm
ou 6 moules à tartelette ∅ 8 cm

Étalez la pâte et garnissez-en le moule bien beurré. Mettez 30 minutes au réfrigérateur.

Faites cuire la pâte à blanc (-> page 9) 15 minutes au four préchauffé à 170 °C (th. 5-6). Retirez le lest et le papier, et faites cuire 10 minutes de plus.

Pendant ce temps, pressez 2 pamplemousses et mesurez 25 cl de jus. Dans une casserole à fond épais, mélangez au fouet le jus, le sucre, les œufs et les jaunes. Faites cuire à petit feu tout en remuant, 5 minutes environ, jusqu'à ce que le mélange épaississe comme une crème pâtissière. Laissez tiédir, puis incorporez le beurre en fouettant.

Lorsqu'elle est refroidie, versez la crème sur le fond de tarte et mettez au moins 2 heures au frais.

Pelez les pamplemousses restants au-dessus d'un saladier en retirant la peau blanche en même temps que l'écorce, puis séparez les quartiers un à un en glissant le couteau le long des membranes.

Peu avant de servir, préparez la meringue. Allumez le gril du four. Fouettez les blancs d'œufs en neige ferme en incorporant à mi-parcours les deux sucres. Étalez la meringue sur la crème et déposez les quartiers de pamplemousse sur le dessus. Faites dorer 2 ou 3 minutes sous le gril tout en surveillant. Servez aussitôt.

Tarte aux poires et aux noix

POUR 6 PERSONNES

PRÉPARATION : 25 MIN

REPOS : 30 MIN - CUISSON : 45 MIN

400 g de pâte sablée nature (-> page 6)
3 belles poires bien mûres
ou 6 demi-poires au sirop
150 g de noix en poudre
80 g de cassonade
2 œufs
100 g de beurre ramolli

moule à tarte ou cercle ∅ 26 cm

Étalez la pâte et garnissez-en le moule bien beurré. Mettez 30 minutes au réfrigérateur.

Faites cuire la pâte à blanc (-> page 9) 15 minutes au four préchauffé à 170 °C (th. 5-6).

Pendant ce temps, pelez les poires, coupez-les en deux dans le sens de la longueur et retirez-en le cœur.

Dans un saladier, fouettez ensemble les noix en poudre, la cassonade, les œufs et le beurre. Étalez cette crème sur le fond de tarte et répartissez dessus les poires en étoile. Enfournez pour 30 minutes. Servez frais.

Tarte aux marrons et aux noisettes

Utilisez la même quantité de pâte et faites-la cuire à blanc de la même façon.

Dans un saladier, fouettez ensemble 150 g de noisettes en poudre, 40 g de sucre, 40 g de miel liquide, 2 œufs et 100 g de beurre ramolli. Étalez cette crème sur le fond de tarte et répartissez dessus des brisures de marrons glacés.

Enfournez pour 30 minutes. À la sortie du four, décorez la tarte avec des marrons glacés entiers.

Tarte-crumble mirabelles et clémentine

POUR 6 À 8 PERSONNES
PRÉPARATION : 20 MIN
CUISSON : 40 MIN

400 g de pâte brisée (-> page 4)
800 g de mirabelles fraîches
ou 600 g de mirabelles
dénoyautées surgelées
75 g de cassonade
50 g de fécule de maïs

POUR LE CRUMBLE
1 clémentine confite
75 g de cassonade
75 g de beurre fondu
75 g de flocons d'avoine

moule à tarte ∅ 28 cm

Dénoyautez les mirabelles. (Si vous utilisez des mirabelles surgelées, faites-les décongeler.) Dans un saladier, mélangez-les avec la cassonade et la fécule.

Étalez la pâte et garnissez-en un moule bien beurré. Versez-y le contenu du saladier.

Préchauffez le four à 180 °C (th. 6). Préparez le crumble. Hachez la clémentine confite. Dans un saladier, mélangez-la grossièrement à la spatule avec la cassonade, le beurre et les flocons d'avoine.

Répartissez le crumble sur les mirabelles. Enfournez pour 40 minutes. Servez tiède.

Variante Remplacez la mandarine confite par 50 g d'orange confite.

Tarte aux noix de pécan et au sirop d'érable

POUR 8 PERSONNES

PRÉPARATION : 20 MIN - REPOS : 30 MIN

CUISSON : 45 MIN

400 g de pâte brisée nature (-> page 4)
120 g de noix de pécan ou de noix de Grenoble
+ 12 cerneaux pour le décor
4 œufs
25 cl de sirop d'érable ou de miel liquide
140 g de cassonade
1 cuill. à soupe de farine
1 cuill. à soupe rase de mélange « super-vanille »
(-> page 7) ou 1 sachet de sucre vanillé
75 g de beurre fondu

moule à manqué Ø 20 cm

Étalez la pâte et garnissez-en le moule bien beurré. Mettez 30 minutes au réfrigérateur.

Faites cuire la pâte à blanc (-> page 9) 15 minutes au four préchauffé à 170 °C (th. 5-6).

Pendant ce temps, concassez les noix. Dans un saladier, fouettez ensemble les œufs, le sirop d'érable, la cassonade, la farine, le mélange « super-vanille » et le beurre. Ajoutez les noix concassées.

Versez la préparation aux noix sur le fond de tarte. Répartissez dessus les cerneaux de noix et enfournez pour 30 minutes. Servez frais.

Bon à savoir

Au Québec, cette tarte est servie dans toutes les « cabanes à sucre », ou sucreries, qui transforment la sève de l'érable.

Spécial Québec

Tarte à la rhubarbe et aux fraises au parfum de verveine

POUR 6 PERSONNES

PRÉPARATION : 25 MIN

REPOS : 30 MIN - CUISSON : 25 MIN

400 g de pâte sablée nature, au zeste de citron ou « super-vanille » (-> pages 6-7)
500 g de rhubarbe fraîche ou surgelée
100 g de cassonade
une poignée de feuilles de verveine, d'estragon ou de mélisse
500 g de fraises (gariguettes de préférence)
2 cuill. à soupe de gelée de fruits rouges (facultatif)

moule à tarte ou cercle ∅ 26 cm

Étalez la pâte et garnissez-en le moule bien beurré. Mettez 30 minutes au réfrigérateur.

Faites cuire la pâte à blanc (-> page 9) 15 minutes au four préchauffé à 170 °C (th. 5-6). Retirez le lest et le papier, et faites cuire 10 minutes de plus.

Pendant ce temps, épluchez la rhubarbe et coupez-la en tronçons. (Si vous utilisez de la rhubarbe surgelée, faites-la décongeler.) Mettez-la avec la cassonade dans une casserole à fond épais et faites-la cuire 10 minutes à petit feu. Égouttez-la soigneusement et faites réduire le jus tout en remuant, jusqu'à ce qu'il commence juste à caraméliser. Mélangez-le à la rhubarbe.

Ciselez la verveine (gardez quelques feuilles pour le décor) et ajoutez-la aussi.

Montez la tarte au dernier moment. Étalez la compote de rhubarbe sur le fond. Seulement si nécessaire, rincez rapidement les fraises et égouttez-les sur du papier absorbant. Coupez chaque fraise en 3 « pétales » verticaux et recouvrez-en la compote au fur et à mesure.

Si vous le souhaitez, faites tiédir la gelée de fruits rouges et badigeonnez-en légèrement les fraises à l'aide d'un pinceau. Décorez de feuilles de verveine et servez.

Tarte au chocolat au lait et au thé russe

POUR 8 PERSONNES
PRÉPARATION : 25 MIN
INFUSION : 20 MIN - REPOS : 1 H 30
CUISSON : 25 MIN

400 g de pâte sablée nature
ou « super-vanille » (-> pages 6-7)
30 cl de crème liquide entière
1 cuill. à soupe de thé russe parfumé
(thé Prince Wladimir® de préférence)
ou de thé Earl Grey
+ 1 cuill. à café du même thé pour le décor
300 g de chocolat au lait
1 jaune d'œuf

moule à tarte ou cercle ∅20 cm
ou 6 moules à tartelette ∅8 cm

Variante

Vous pouvez remplacer le thé par 1 cuillerée à soupe rase de zeste d'orange râpé.

Dans une casserole à fond épais, portez à ébullition la crème liquide avec le thé ; laissez infuser 20 minutes.

Pendant ce temps, étalez la pâte et garnissez-en le moule bien beurré. Mettez 30 minutes au réfrigérateur. Cassez le chocolat dans un saladier.

Filtrez la crème et portez-la de nouveau à ébullition. Versez-la sur le chocolat, couvrez et laissez reposer 5 minutes. Ajoutez le jaune d'œuf et fouettez jusqu'à obtenir une ganache bien lisse. Mettez au frais au moins 1 heure.

Faites cuire la pâte à blanc (-> page 9) 15 minutes au four préchauffé à 170 °C (th. 5-6). Retirez le lest et le papier, et faites cuire 10 minutes de plus.

Mettez la ganache dans une poche à douille et garnissez-en le fond de tarte. Saupoudrez légèrement de thé.

Servez avec du thé, le même que celui utilisé dans la recette.

Tarte aux griottes et aux pistaches

POUR 6 À 8 PERSONNES

PRÉPARATION : 25 MIN

REPOS : 30 MIN - CUISSON : 45 MIN

400 g de pâte sablée nature (-> page 6)
80 g de pistaches en poudre
+ 70 g d'amandes en poudre
80 g de sucre en poudre
2 œufs
100 g de beurre ramolli
quelques gouttes de colorant vert (facultatif)
400 g de griottes dénoyautées,
fraîches ou surgelées

moule à tarte ou cercle Ø 26 cm
ou moule rectangulaire de taille équivalente

Étalez la pâte et garnissez-en le moule bien beurré. Mettez 30 minutes au réfrigérateur.

Faites cuire la pâte à blanc (-> page 9) 15 minutes au four préchauffé à 170 °C (th. 5-6).

Dans un saladier, fouettez ensemble les pistaches et les amandes en poudre, le sucre, les œufs et le beurre. Si vous le souhaitez, accentuez la couleur de la préparation avec le colorant. Étalez cette crème sur le fond de tarte et répartissez dessus les griottes.

Enfournez pour 30 minutes. Servez frais.

Tarte aux pêches et aux amandes

Utilisez la même quantité de pâte et faites-la cuire à blanc de la même façon.

Dans un saladier, fouettez 150 g d'amandes en poudre, 80 g de sucre, 2 œufs et 100 g de beurre ramolli. Étalez cette crème sur le fond de tarte et répartissez dessus 4 grosses pêches bien mûres, pelées et coupées en quartiers (hors saison, utilisez 8 demi-pêches au sirop).

Enfournez pour 30 minutes. Servez frais.

TABLE DES ÉQUIVALENCES FRANCE-CANADA

POIDS

55 g	2 onces	200 g	7 onces	500 g	17 onces
100 g	3 onces	250 g	9 onces	750 g	26 onces
150 g	5 onces	300 g	10 onces	1 kg	35 onces

Ces équivalences permettent de calculer le poids à quelques grammes près (en réalité, 1 once = 28 g).

CAPACITÉS

25 cl	1 tasse	75 cl	3 tasses
50 cl	2 tasses	1 l	4 tasses

Pour faciliter la mesure des capacités, une tasse équivaut ici à 25 cl (en réalité, 1 tasse = 8 onces = 23 cl).

Direction de la publication : Isabelle Jeuge-Maynart et Ghislaine Stora
Direction éditoriale : Agnès Busière
Édition : Ewa Lochet
Conception graphique et mise en page : Sophie Compagne
Couverture : Émilie Laudrin
Fabrication : Anne Raynaud

Photogravure IGS-CP, 16 l'Isle d'Espagnac
Imprimé en Espagne par Gráficas Estella, Estella
Dépôt légal : mars 2014
313569/01 – 11025719 – février 2014

ISBN 978-2-03-589567-7